# Je veux être pilote

# JE VEUX ÊTRE

# Pilote

DAN LIEBMAN

FIREFLY BOOKS

# A FIREFLY BOOK

Publié par Firefly Books Ltd. 2006

Copyright © 2006 Firefly Books Ltd.

Première impression 2006

**Catalogage avant publication de Bibliothèque et Archives Canada**
Liebman, Daniel
Je veux être pilote / Dan Liebman ; texte français de Tsipora Lior.
Traduction de : I want to be a pilot.
ISBN-10: 1-55407-106-2
ISBN-13: 978-1-55407-106-7
1. Pilotes d'aéronef – Ouvrages pour la jeunesse. I. Lior, Tsipora, 1940- II. Titre.
TL547.L5314 2006     j629.13'092
C2005-904473-X

**Publisher Cataloging-in-Publication Data (U.S.)**
Liebman, Dan.
   [I want to be a pilot. French]
   Je veux être pilote  / Dan Liebman.
[24] p. : col. photos. ;  cm.  (I want to be)
Summary: Photographs and easy-to-read text describe the job of a pilot.
ISBN-10: 1-55407-106-2 (pbk.)
ISBN-13: 978-1-55407-106-7
1. Air pilots – Vocational guidance – Juvenile literature. I. Title. II. Series.
629.13092 dc22    TL547.L54  2006

Publié au Canada par :
Firefly Books Ltd.
66 Leek Crescent
Richmond Hill, Ontario L4B 1H1

Publié aux États-Unis par :
Firefly Books (U.S.) Inc.
P.O. Box 1338, Ellicott Station
Buffalo, New York 14205

**Références photographiques**

© Tony Cassanova, première de couverture
© William Boyce/CORBIS, page 5
© Morton Beebe/CORBIS, page 6
© Vince Streano/CORBIS, page 7
© Roger Ressmeyer/CORBIS, pages 8-9
© George Hall/CORBIS, pages 10, 11, 19, 24
© Jim Sugar/CORBIS, pages 12-13, 22-23
© Reuters/CORBIS, page 14

© Graham Wheatley; The Military Picture Library/ CORBIS, page 15
© Leif Skoogfors/CORBIS, page 16
© CORBIS SYGMA, page 17
© Ron Watts/CORBIS, page 18
© Firefly Productions/CORBIS, page 20
© Bill Varie/CORBIS, page 21
© Bob Krist/CORBIS, quatrième de couverture

Traduction française : Tsipora Lior
Imprimé en Chine

*L'éditeur tient à remercier le Conseil des Arts du Canada, le Conseil des arts de l'Ontario et le Gouvernement du Canada, par l'entremise du Programme d'aide au développement de l'industrie de l'édition, de l'aide financière accordée à son programme de publication.*

Certains pilotes se trouvent aux commandes de petits avions. L'hydravion que l'on voit ici s'amarre à un quai, tout comme un bateau.

D'autres pilotes se trouvent aux commandes d'avions à réaction qui transportent les passagers vers des destinations lointaines.

On trouve de nombreux cadrans et instruments sur le tableau de bord des grands avions. Un de ces cadrans indique aux pilotes la vitesse de l'avion.

Deux pilotes font descendre l'avion en vue de l'atterrissage. Ils se trouvent dans le poste de pilotage.

Les avions de chasse, comme celui qu'on voit ici, volent bien au-dessus des nuages. Seuls des pilotes très expérimentés les conduisent.

Quand un avion vole aussi haut, il n'y a pas assez d'oxygène pour respirer. C'est pourquoi le pilote porte un masque muni d'un tuyau branché sur un réservoir d'air.

Les meilleurs pilotes participent parfois à des spectacles aériens, qui sont fascinants à regarder. Un groupe d'avions s'appelle une escadrille.

Les pilotes transportent non seulement des gens, mais aussi de l'équipement. Le pilote de cet hélicoptère s'est spécialisé dans la lutte contre les feux de forêt.

Certains hélicoptères sont assez grands pour transporter des gens sur de grandes distances. L'hélicoptère qu'on voit ici peut atterrir sur le sol aussi bien que sur l'eau.

Les pilotes doivent constamment apprendre de nouvelles règles de sécurité.

L'armée de l'air utilise des avions de chasse. Dans ce type d'avion, l'habitacle est de petite dimension et le pilote doit s'y introduire avec précaution.

Chaque aéroport a une tour de contrôle. Les contrôleurs aériens qui y travaillent indiquent aux pilotes quand ils peuvent décoller et atterrir.

Le navigateur fait partie de l'équipage. C'est lui qui surveille la position de l'avion dans le ciel.

Les pilotes doivent suivre une longue formation, mais ça en vaut la peine. Pour eux, chaque vol est une nouvelle aventure.